권력자와 아들

글

최봉수

서울대학교 국어국문학과를 졸업했다. 김영사 편집장, 중앙M&B 전략기획실장, 랜덤하우스중앙 COO를 거쳐 웅진씽크빅, 메가스터디 대표이사, 프린스턴리뷰 아시아 총괄대표를 지낸 후 현재는 기업, 단체의 자문과 집필을 하고 있다. 지은 책으로 《출판기획의 테크닉》(살림, 1997), 《인사이트》(나무나무, 2013), 《오십, 고전에서 역사를 읽다》(가디언, 2022)이 있다.

권력자와 아들

칭기즈칸,
그 이후가 궁금하다

최봉수 지음

가디언

"질문하는 인문학"
기획 의도

출판업은 제조업으로 분류됩니다.

무형의 지식과 정보를 활자로 변형하여

종이에 새겨 책이라는 상품을 찍어내는 비즈니스입니다.

TV라는 영상 매체가 등장하면서

활자 출판업은 올드 미디어로 분류되었습니다.

PC와 모바일폰이 진화하면서

종이책은 불편해졌고,

환경 파괴의 종범 정도까지 취급되고 있습니다.

그러면 출판업은 사라져야 할까요?

그래서

출판업을 다시 정의해 봅니다.

출판업의 핵심 역량은

활자와 종이가 아닙니다.

에디팅editing, 편집입니다.

지식과 정보를 가공하고 배열하여

새로운 가치를 만들어내는 비즈니스라고,

출판일을 처음 할 때

책은 지식과 정보를 제공해야 한다고 배웠습니다.

그런데 시간이 지나 인터넷 시대가 되면서

사람들은 더 이상 책에서 정보를 구하지 않습니다.

그리고 챗GPT가 등장하면서

앞으로 지식도 책에서 얻으려 하지 않을 것입니다.

그러면 책은 사라져야 할까요?

그래서

책의 가치를 다시 생각해봅니다.

정보를 모으고, 지식을 나열하는 일은

0과 1만 아는 괴물에게 넘기고

그 대신

그 괴물이 토해내는

어마어마한 팩트 더미에서

하나의 질문을 찾아야 한다고

지식과 정보에서 지혜를 구해야 한다고.

머리말

결국,

사람이다.

'질문하는 인문학'은 사람 이야기다.

그 사람의 일생이 아니라

역사에 등장했던 순간

그의 선택에 관한 이야기다.

역사는 배경이 되고,

근거가 되고,

결과를 보여줄 뿐이다.

우리의 관심은

기록에 남아 있지 않은

그 사람의 내면의 목소리에 귀 기울이는 것이다.

그는 왜 그런 선택을 했을까?

그의 선택을 이해하기 위해

역사를 가져오고

상황을 분석하고

그래서

그러한 선택을 한 그의 그릇을 잰다.

어느 시대나

사람은 똑같다.

영원을 살 것처럼 일생을 앙탈 부리는가 하면

일생을 찰나처럼 여겨 영원을 구하기도 한다.

그 사람들에게서

지금 내 주변 사람을 이해하고 싶다.

당위를 내세울 의도는 애초에 없다.

짠하면 짠한 대로

찡하면 찡한 대로

사람 냄새를 맡고 싶을 뿐이다.

굳이 덧붙인다면

왜 그랬냐고.

차례

Q

1995년 12월 31일 〈워싱턴포스트〉지는 서기 1001년부터 2000년까지 (당시 아직 5년이 남았지만) 천년의 역사를 마감하면서 인류 역사에서 가장 위대한 인물로 칭기즈칸을 뽑았습니다.

기사에서는 그를 가리켜 "인류 역사상 가장 큰 제국을 건설하고 다스린 위대한 정복자"라며 선정한 이유를 들었습니다. 1227년 66세의 나이로 죽을 때까지 그가 정복한 영토는 오늘날 몽골을 포함해서 중국의 황하 이북 그리고 서쪽으로는 러시아, 벨라루스, 우크라이나까지 진출했고, 흑해를 끼고 조지아, 터키 일부를 돌아 이란, 파키스탄 북부를 거쳐 티베트 이북까지를 포함합니다.

그러면서 기사에서는 "역사는 성인이나 천재 혹은 해방가의 이야기로만 채워지는 게 아니다."고 전제하면서, 칭기즈칸을 "그 시대의 박애자도, 뛰어난 사상가도 또 위대한 해방가도 아니었다. 사실 그는 깡패였다."고 평했습니다. 그러나 "역사는 때때로 깡패에 의해 만들어지기도 한다."고 마무리했습니다.

칭기즈칸에 대한 평가는 이렇게 엇갈립니다. 그가 정복한 영토만큼이나 분명한 사실은 그가 인류 역사상 최대 정복자라는 점입니다. 정복자는 정복당한 인민과 그 인민의 피로 그려진 지도 위에 서 있는 자입니다. 그러니 관점에 따라 평가가 다를 수밖에 없습니다.

그러나 그런 그의 출발은 밑바닥에서 시작했고, 바닥의 연속이었습니다. 바닥을 찍을 때마다 그의 머릿속에는 복수할 원수의 리스트가 하나씩 하나씩 쌓여 갔습니다. 원수를 쫓아가면서 정복이 시작되고, 복수의 칼을 내리칠 때마다 그의 제국은 조금씩 조금씩 커져 갔습니다. 그러므로 그에게 인류 역사상 가장 큰 제국 건설이라는 꿈은 애초에 없었던 겁니다. 어쩌면 그의 원수들이 그 위대한 제국의 지도를 그린 셈입니다.

그러나 여기서는 '깡패' 칭기즈칸의 '위대한 정복' 이야기가 아니라 위대한 정복자 후예들의 권력투쟁을 살펴보고자 합니다. 왕자의 난, 그들만의 2라운드, 3라운드 그리고 4라운드까지. 어쩌면 이 3대에 걸쳐 벌어진 골육상쟁의 매 라운드에서 우리가 몰랐던 칭기즈칸 제국을 좀 더 가까이서 만날 수 있고, 그 진면목을 좀 더 깊이 들여다볼 수 있으며, 우리에게 좀 더 많은 인사이트를 보여줄 수 있기 때문입니다.

자, 그럼 역사의 문을 열어볼까요?

테무친, 그는 누구인가?

1162년, 유럽 대륙은 십자군 전쟁의 광풍이 휘몰아치고 있었다. 성지 예루살렘의 회복을 명분으로 한 서유럽 제국들과 동로마 제국 그리고 술탄국까지 동서 유럽은 물론 중동, 소아시아 일대가 이합집산하여 이전투구 속으로 빠져들었다. 반면 중국에서는 만주에서 발기한 여진족의 금金이 거란족의 요遼를 멸하고, 한족의 송宋을 장강 이남으로 몰아내며 화북을 통일했다.

바로 이때 몽골 동부와 시베리아 동부를 가로지르는 오논강 유역에서 몽골족 보르지긴 씨족장 예수게이의 아들 테무친이 태어났다. 본명이 보르지긴 테무친, 보르지긴은 그 씨족 이름이고, 테무친은 그가 태어난 날 아버지 예수게이가 죽인 타타르족 장수의 이름에서 따왔다. 보르지긴 테무친, 그가 바로 우리가 아는 칭기즈칸이다.

테무친이 아홉 살 때, 몽골족 중에서도 작은 씨족의 족장이었던 아버지 예수게이가 타타르족에 의해 독살된다. 타타르족은 자기 부족의 여인이 될 호에룬을 예수게이가 납치해 자신의 아내로 삼은 것에 대해 복수했다. 그러나 타타르족이 중요한 실수를 범했다. 유목민족의 전통인 '손님으로 방문한 사람을 절대 해쳐서는 안 된다.'는 관습을 어기고, 손님으로 방문한 예수게이를 접대하는 척하다 독살한 것이다.

그러나 이 일은 테무친의 어린 시절을 송두리째 빼앗아간 엄청난 사건이 된다. 예수게이가 독살되자 부족원들은 부족장의 복수를 위해 함께 나서는 것이 아니라, 부족장의 가족만 남겨둔 채 부락을 떠나버렸다. 부족장 가족을 버린 것이다. 거기다 그 아들인 테무친이 성인이 되어 그들을 복수할 것을 두려워해서 사람을 보내 그를 죽이려고까지 했다.

어린 시절 테무친은 그를 죽이려는 추격꾼을 피해 남시베리아 추운 강가에서 낮에는 잠깐 나와 고기를 몰래 잡아먹고 밤이 되면 숲속으로 들어가 꽁꽁 숨어 지냈다. 30년 뒤

젊은 시절의 칭기즈칸

초원의 강자로 부상한 테무친은 제일 먼저 타타르족을 공격하여 수레바퀴의 높이보다 키가 큰 타타르족 남자들을 모두 살해했다. 잔인하다. 그러나 끝내 잊지 않고 반드시 복수한다. 테무친은 그랬다.

생전에 아버지와 의형제를 맺었던 케레이트족의 토오릴칸에 의지해 한숨을 돌릴 즈음 이번에는 메르키트족이 습격하여 아내 보르테를 납치해갔다. 당시 테무친은 이를 막아낼 힘이 없었고, 당장 아내를 되찾아올 엄두도 못 낼 만큼 세력이 미약했다. 몇 달이 지난 후에야 테무친은 토오릴칸과 친구 자무카의 도움을 받아 겨우 아내를 되찾아왔다.

그런데 아내 보르테는 돌아온 지 9개월 만에 아이를 낳았다. 그가 테무친의 장남 주치다. 그래서 주치는 태어날 때부터 메르키트족 장수의 핏줄이라는 소문이 돌았다. 이후 후계문제에서도 이런 출생의 비밀 때문에 몽골 황가皇家로부터 차별받고 형제들과 갈등을 겪어야 했다.

20년 뒤 테무친은 나이만족을 섬멸하고 사실상 몽골 초원을 통일한 후에 굳이 최측근인 4선봉의 대표 장수인 수부타이에게 아내를 납치해갔던 "메르키트족에게는 관용과 사면이 없다."는 지침과 함께 철제 마차를 하사하며, 단 한 명도 남김없이 끝까지 쫓아 섬멸할 것을 명령했다. 수부타이는 잔당까지 쫓아 저 멀리 조지아까지 따라가 명령대로 단 한 명도 남김없이 다 살육했다. 잔인하다. 그러나 끝내 잊지 않고 반드시 복수한다. 테무친은 그랬다. 그래서 메르키트족은 지구상에서 멸족했다. 또 그 추격전 때문에 몽골 제국의 영토는 서러시아뿐 아니라 이란 북부와 러시아 남부까지 확대되었다.

테무친의 정복 활동과 그 동기를 보면 그가 처음부터 세계 최대 정복자가 되겠다는 야망이나 목표가 없었던 것은 분명하다. 그의 정복 활동을 두 단계로 나누어볼 수 있는데, 적어도 전기인 몽골 초원의 통일 시기에는 생존과 복수를 위한 투쟁이었다. 타타르족도, 메르키트족도 아버지에 대한 복수였고, 아내를 능욕한 것에 대한 복수였다.

그 복수의 칼날이 잔인해서 그의 이름 앞에 학살자라는 말이 붙을 정도였다. 그리고 그 과정에서 아我와 피아彼我, 용서와 죽임의 기준이 만들어졌다. 여느 정복자든 그 정복한 영토가 넓어질수록 관용의 크기도 커지기 마련인데, 칭기즈칸은 그렇지 않았다. 그의 정복이 복수였기 때문이다. 심지어 아들들에게 "동정의 열매는 후회"라고 가르치기도 했다. 어린 시절, 힘없던 시절에 당한 상처가 트라우마로 강하게 자리 잡았기 때문이다.

자무카는 테무친과 같은 몽골족이지만, 테무친이 몽골족의 칸이 될 수 있는 하얀 뼈 씨족인 데 반해 그는 검은 뼈 씨족이었다. 그러나 그는 테무친과 어릴 적 맹우盟友로, 의형제를 맺은 사이다. 테무친의 아내가 메르키트족에 납치되었을 때 함께 가서 구출해왔다. 부족이 다 떠난 테무친에게 먼저 자신의 병사를 내주었고, 몽골족 최대 세력이 된 후에는 테무친에게 선뜻 2인자 자리도 내주었다.

그러던 어느 날 누구인지 모르고 테무친이 그의 말을 훔치던 자무카의 동생을 죽이면서 두 사람의 관계가 틀어진다. 그 후 자무카와 테무친은 몽골 초원의 패권을 두고 여러 차례 전투를 벌인다. 엎치락뒤치락했다. 몽골 공식기록에도 자무카는 테무진의 인생 최고의 라이벌로 기록되어 있다. 그러나 전투 중에서도 두 사람은 서로를 형제라 부를 정도로 서로에 대한 예의를 마지막 순간까지 잃지 않았다.

1203년 자무카 연합군과 테무친의 마지막 결전이 칼라칼지드 사막에서 벌어졌다. 모든 몽골족이 자무카 연합군과 테무친, 양 진영으로 나누어져 몽골 초원의 최종 패자를 가리는 한판 승부를 벌였다. 그러나 우선 수적으로 테무친은 연합군의 상대가 되지 못했다. 거기다 전투 초반에 연합군의 기만에 이은 기습으로 테무친은 인생 최대의 위기에 몰린다. 의형제 쿠일다르가 목숨을 던지며 분전하여 겨우 궤멸만 면한다.

그때 그에게 남은 병력은 고작 열아홉 명의 지휘관과 삼천도 안 되는 병사들뿐. 이때 그의 곁을 지킨 이 열아홉 명의 지휘관들이 바로 발준투다. 발주나 호수에서 충성과 신의를 약속하며 술 대신 흙탕물을 함께 마신 칭기즈칸의 최측근들이다. 원래 이런 결의는 위기의 순간, 찌질한 상황에 이루어져 그 순수성을 담보한다. 유비, 관우, 장비의 도원 결의도 그렇다. 술 대신 흙탕물을 마셨다는 장치도 그 진정성을 더해준다. 그러나 아서왕과 원탁의 기사처럼 다 전설처럼 전해지는 스토리텔링이다.

그렇게 칼라칼지드 전투는 자무카 연합군의 대승으로 끝나는 듯했다. 그러나 발주나 호수에서 대열을 수습하고 재기를 준비한 테무친이 자무카 연합군의 핵심 세력인 토오릴칸에게 서신을 보내 자무카와 이간질하여 연합군을 분열시킨다. 자무카와 토오릴칸 사이에 내분이 일어나고 그 틈을 이용해 테무친은 연합군 세력을 각개 격파한다. 전세는 한순간에 테무친 쪽으로 기울어진다. 나이만족에 망명하려던 토오릴칸은 어이없게 보초병에 사살되고, 자무카는 나이만 지역으로 후퇴하다 부하들의 배신으로 생포되어 테무친 앞에 끌려 나온다.

테무친 앞으로 그의 부하들에 의해 끌려 나온 자무카, 테무친은 분노로 몸을 떤다. 마침내 다시 만난 적장이자, 라이벌이자, 맹우이자, 의형제인 자무카가 무릎 꿇린 모습을 보자마자 테무친은 달려가 먼저 주군을 배신한 자무카의 부하들 목부터 내리친다. 당연하다. 양아치 두목이 아니라 조직의 리더라면 당연히 그래야만 한다. 자무카의 부하들은 테무친이 배신을 가장 싫어하고, 절대 용서하지 않는다는 사실을 몰랐다. 그래서 그들은 양아치다.

테무친이 자무카 앞으로 다가가 함께 무릎을 꿇고 손을 내민다.

"자무카, 이제부터 우리 하나가 되어 함께 지내세.

서로가 잊은 것을 서로에게 일깨워주며 함께 나가세."

'항복하면 용서하고 저항하면 죽인다.'는 그의 대원칙을 깨뜨린 유일한 사례이다. 왜냐하면 자무카는 끝내 그에게 항복하지 않았기 때문이다.

자무카는 눈을 감은 채 말한다.

"테무친, 천하가 이제 자네를 위해 준비되어 있는데, 내가 무슨 도움이 되겠나?

오히려 자네 옷깃 아래 가시가 될 걸세."

잠시 말을 끊은 후 자무카는 테무친에게 마지막 부탁을 한다.

"나를 죽일 때 피가 나오지 않게 죽여 주게."

유목민들에게 피를 흘리지 않고 죽는다는 것은 곧 명예로운 죽음을 의미한다. 테무친은 고개를 숙인 채 잠시 말을 잃는다. 안타깝다. 아니, 아쉽다. 진정 함께하고 싶었다. 그러나 그는 오랜 친구의 생전 마지막 부탁을 기꺼이 들어준다. 테무친의 일생에서 처음이자 마지막으로 적에게 예의를 갖춘 행동이었고, 거의 유일하게 인간적인 모습을 드러낸 사례가 아닌가 싶다.

그렇게 테무친은 스물에 초원에 나서서 스물여덟 살에 토오릴칸의 도움을 받아 몽골족의 칸에 오르고, 서른여덟 살에 최대 세력인 나이만을 무찌르고, 최대 정적인 자무카까지 처형하면서 초원의 패자가 된다. 그리고 1206년, 서른아홉 살에 그가 태어난 오논 강변에서 몽골지역 대족장회의인 쿠릴타이를 열어 위대한 왕, 칭기즈칸에 오른다.

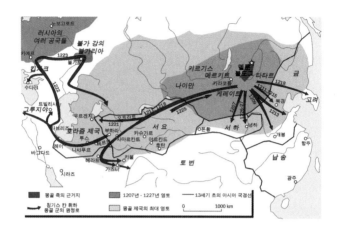

칭기즈칸 정복 활동

바로 이때 유럽에서는 그리스도교 역사상 가장 추악한 최악의 드라마가 연출되고 있었다. '이교도로부터 그리스도교인을 지키고, 성지 예루살렘을 탈환한다.'는 십자군 원정의 성전 선언의 더러운 이면이 고스란히 드러났다. 4차 십자군은 같은 그리스도교 국가인 동로마를 공격하여 콘스탄티노플 성을 함락한 후 천년의 역사를 파괴, 약탈, 방화하고 남녀노소, 성직자까지 폭행, 강간, 살해하였다. 이교도의 발을 한 번도 허용하지 않았던 콘스탄티노플 성은 같은 그리스도 교인들에 의해 3일 동안 그야말로 생지옥이 되었다.

이전까지만 해도 정치적 갈등 정도였던 동서 유럽의 분열이 4차 십자군 전쟁 이후부터는 서로의 근본을 인정하지 않는 아예 근본이 다른 남남으로 갈라서게 되었다. 이 만행으로 시작된 동서 유럽의 대립은 800년이 지난 2004년에 교황 요한 바오로 2세가 콘스탄티노플 총대주교 앞에서 공식적으로 사과함으로써 역사적으로 겨우 봉합되었다. 그러나 동로마라는 방파제가 무너짐으로써 서방 세계는 이슬람은 물론 곧이어 닥칠 몽골제국의 말발굽에 그대로 노출

될 수밖에 없었다. 몽골 초원에 위대한 칸이 탄생하던 바로 그때 유럽은 스스로 방파제를 허물어버린 셈이다.

"얼음이 깨지면 누가 친구이고 적인지 알게 된다."

에스키모 속담이다.

모두가 등을 돌렸을 때

칭기즈칸에게 손을 내민 자가 자무카였다.

그래서 자무카는 마지막 순간까지 칭기즈칸의 유일한 형제였다.

〈정관정요〉에 나오는 이야기다.

당 태종이

"정치란 어려운 일이 아니다.

뛰어난 인재를 등용하고,

그의 충언을 잘 받아들이기만 하면 되는 일."이라고 말하자,

위징이 나서서 말했다.

"나라가 위기에 처하면 어느 황제든 그러하겠지만,

그 기반을 다지고 난 다음에는 그렇게 행하는 황제가 사실 드뭅니다.

그래서 정치가 어려운 겁니다."

어려울 때 진정한 친구가 드러나듯

태평성대에 진정한 군주가 나온다.

그런데

선배가 귀띔했다.

"명심해라.

얼음이 저절로 깨진 게 아닐 수 있다.

적이 아니라 친구가

지난밤 몰래 깨놓은 것일 수도 있다는 사실을."

칭기즈칸 이후, 2라운드(1) - 장자의 비극

칭기즈칸은 보르테와 사이에서 4남 5녀를 둔다. 장자인 주치는 앞서 말한 대로 보르테가 메르키트족에 납치되었다가 돌아와 9개월 만에 낳은 아들이다. 9개월, 애매하다. 그래서 몽골 황가에서도 출생의 비밀을 의심한다. 그러나 칭기즈칸은 단 한 번도 그를 부정하지 않았고, 장자로 인정하여 후계자로까지 고려했다. 그런데 둘째 아들 차가타이가 대

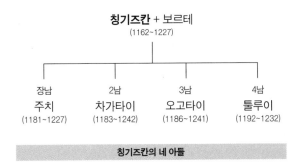

칭기즈칸 + 보르테
(1162~1227)

장남	2남	3남	4남
주치	차가타이	오고타이	툴루이
(1181~1227)	(1183~1242)	(1186~1241)	(1192~1232)

칭기즈칸의 네 아들

놓고 '메르키트 놈의 자식'이라고 힐난했다. 당연히 형으로도 인정하지 않았다. 후계 구도에 빨간불이 들어왔다. 차가타이의 불같고 대쪽 같은 성격 탓도 있지만, 주치에게도 문제가 있었다.

주치는 장남이면서도 어릴 때부터 주변의 눈치가 불편해서인지 스스로 담을 쌓고 살았다. 그래서 성격은 더욱 내성적으로 변했고, 몸도 약해 다른 아들들과 달리 칭기즈칸의 대원정에 거의 출전하지 않았다. 스스로 대칸 계승과 권력 경쟁에 거리를 두는 듯했다.

칭기즈칸은 유목민족의 전통에 따라 장남 주치에게 본거지인 몽골에서 가장 멀리 떨어진 지역, 오늘날 우크라이나와 러시아 남부를 하사했다. 원래 아버지와 대립을 사전에 차단하고, 장남에게 새로운 영토를 개척할 기회를 주기 위해 생긴 풍습이지만, 칭기즈칸은 주치를 다른 형제들과 떼놓고 싶은 의도가 숨어 있었을 것이다.

카리스마가 강한 창업 군주와 창업에 일정 지분을 가진 개국 공신들, 거기다 아버지 보란 듯 경쟁하듯 정복에 나서는 왕자들, 그 정글 같은 몽골 황가에서 장자로 산다는 것은 쉬운 일이 아니었을 것이다. 거기다 주치처럼 주변의 센 기에 눌려 자기 목소리를 못 낼 정도로 소심하다면, 누구에게든 쉽게 타깃이 될 수밖에 없었을 것이다. 더욱이 주치는 출생의 비밀까지 안고 있으니 스스로 더욱 움츠러들었을 것이다. 칭기즈칸은 그런 주치가 또 안쓰러웠을 것이다.

동물의 세계도 마찬가지다. 태어날 때부터 장애가 있거나 약하게 태어난 새끼는 다른 형제들로부터 왕따가 되고 때로 타깃이 된다. 그런 새끼를 어미는 야멸차게 무리에서 내다 버린다. 그러나 인간은 다르다. 그런 자식일수록 더 품고 더 정을 준다. 칭기즈칸도 그런 마음이었을 것이다. 그의 잘못이 아닌 것을 아니까. 굳이 따지면 자신이 못난 탓이었으니까.

러시아 초원으로 자리를 옮겼지만, 주치는 자신의 영토에 대한 통치권을 행사하려 하지 않고 은둔하다시피 했다. 자신의 세계로 더욱 숨어 들어갔다. 그러나 몽골 중앙 정가는

칭기즈칸의 장남 주치

그런 그를 가만히 내버려두지 않았다. '주치가 아버지 칭기즈칸에 대항해 발톱을 숨기고 있다.' '곧 반기를 들고 달려들 것이다.' 등등. 그러나 그것은 사실이 아니었다. 후계를 둘러싼 모함이었다. 이미 권력의 중심으로부터 스스로 물러났지만, 주치가 칭기즈칸의 마음속에 여전히 장자로 자리하고 있는 이상, 그것이 께름칙한 세력들은 시기와 모함, 견제를 멈추지 않았다. 그 정도는 점점 심해졌다. 일종의 저주와 같았다.

주치는 그렇게 먼 이국땅에서 아버지 칭기즈칸보다 6개월 먼저 눈을 감았다. 창업주의 장자가 아버지보다 먼저 죽는 경우가 더러 있다. 그 센 기에 눌려 시름시름 하다가 그나마 남은 기조차 지키지 못해 먼저 눈을 감는다. 간혹 허구한 날 쭈뼛거리며 지내다 보니 말이 어눌해지기도 하고, 실실 자리를 피해 어두운 곳으로 찾아 들어가 자기 세계에 빠져들어 정신줄을 놓거나 삐딱선을 타는 경우도 있다.

세상은 못난 장자를 탓할 수 있지만, 사실은 아버지 창업주의 잘못이 더 크다. 그러나 아비는 그런 장자만 보면 속부터 끓인다. 그러다 그 자식이 죽고 나서야 아비는 뒤늦게 후회한다. 칭기즈칸도 그랬다. 장남 주치의 사망 소식이 전해지자 주변을 모두 물리고 하루 종일 자신의 게르에 머물며 슬퍼했다고 한다.

칭기즈칸은 장남 주치에 대한 감정이 남달랐을 것이다. 아버지 예수게이도 어머니 호에룬을 납치해 아내로 삼아 자신을 낳았다. 그런데 이번에는 자신의 아내가 납치당했다가 돌아와 주치를 낳았다. 그렇게 부자지간이 된 두 사람이다. 참 묘한 인연이다. 다 업業이다. 창업주는 이래저래 많은 업을 짓고 산다. 스스로 불가피했다고 변명하지만, 그 업은 돌고 돌아 자신의 주변으로 내려온다. 그제서야 자신이 지은 업을 떠올리며 후회한다. 칭기즈칸도 주치가 눈을 감은 날 게르에서 혼자 자신의 업을 되돌아봤을지 모른다.

그래서 권력자는 자신을 닮은 강한 자식보다 무난한 자식에게 후계를 넘기고 싶어 한다. 차라리 유약한 자식에게 넘기고 개국공신을 후원자로 삼는 한이 있더라도 강한 자식에게 넘기지 않으려는 경향이 있다. 자신의 대代에서 업을 끊고 싶은 마음에서일 것이다. 그래서 주치를 마지막까지 마음에 담고 있었는지도 모른다. 자신을 따랐던 개국공신 4선봉도 있었고.

칭기즈칸은 주치가 죽기 전까지 후계자 문제를 입에 담지 않았다. 결국 주치의 죽음이 전해지자 셋째 아들 오고타이를 후계자로 지명한다. 주치의 출생 비밀을 유독 강하게 문제 제기한 둘째 차가타이를 제쳐두고. 그러나 그 때문은 아니었다.

칭기즈칸의 막내아들 툴루이

칭기즈칸 이후, 2라운드(2) - 독배를 마시다

유목민족에는 말자상속의 전통이 있다. 장자부터 나이가 차면 차례대로 땅을 떼 분가시키고 늙어서는 막내아들에게 남은 재산을 넘기고 세대를 교체한다. 칭기즈칸의 막내아들 툴루이가 그랬다. 다른 형들이 일찍이 아버지를 떠나 독자 전선에서 활약하며 정복지를 하나하나 차지한 반면, 그는 항상 아버지와 함께 원정을 다녔다.

그래서 칭기즈칸이 서하 전투에서 숨을 거두었을 때 막내 툴루이만 임종을 지켰다. 그래서 말자상속의 전통에 따르면 툴루이가 칭기즈칸의 뒤를 이어야 했다. 당시 몽골 정가도 툴루이를 지지했다. 칭기즈칸이 죽은 직후 1227년에 열린 대족장회의 쿠릴타이에서도 툴루이를 대칸으로 추대했다.

그러나 칭기즈칸은 죽기 전에 셋째 아들 오고타이를 후계자로 지명했다. 그래서 공식기록에 따르면 툴루이는 아버지의 유언을 받들어 2년 동안 임시 대칸을 수행한 후 쿠릴타이를 다시 열어 셋째 형 오고타이에게 대칸을 넘긴다.

그런데 그 3년 뒤 툴루이가 중국 금나라 원정에서 큰 공을 세우고 돌아오는 길에 급사한다. 오고타이에게 내려진 금의 저주를 대신 받아들여 스스로 희생했다고 공식기록《원조비사》가 전한다. 감동적이다. 대칸 직위를 순순히 넘기는 것도 쉬운 일이 아닌데, 저주까지 대신 떠안다니. 그런데《원조비사》의 이 감동적인 스토리가 상식적으로는 받아들여지지 않는다. 더욱이 전후 사정으로 보아 이걸 그대로 받아들이기 힘든 정황들이 속속 드러난다.

툴루이는 몽골 본거지를 비롯해 가장 넓은 영토와 가장 많은 몽골족을 물려받아 네 형제 중 가장 강력했고, 유목민족의 말자상속 전통에 따라 정통성도 담보했으며, 몽골 중앙정가와 대족장들 다수가 또 그를 지지했다. 그가 원한다면 임시 대칸이 아니라 공식 대칸으로 그대로 눌러앉을 수 있는 상황이었다.

실제로 기록을 보더라도 툴루이가 오고타이에게 바로 대칸 자리를 넘긴 것이 아니라 대족장들의 절대적 동의를 얻어야 한다며 쿠릴타이 개최를 2년 동안 질질 끌었다. 한마디로 흔쾌히 주저 없이 이양한 것이 아니었다. 국상 야율초재가 나서서 아버지 칭기즈칸의 유언을 따라야 한다며 쿠릴타이 개최를 거듭 요구했고, 둘째 형 차가타이도 원칙을 내세우며 야율초재의 요구에 동조하며 힘을 실어주었다. 다시 말해 툴루이는 상황에 떠밀려 쿠릴타이를 소집하였다. 그래서 아버지의 유언을 따르겠다며 셋째 형 오고타이에게 대칸을 넘겼다. 찜찜하게, 마지못해, 어쩔 수 없이 대칸을 넘긴 것으로 보는 것이 맞다.

그러나 대칸을 넘기면서도 툴루이는 나름 이런 계산을 하지 않았을까 싶다.

'아버지 때와 달리 몽골제국의 대칸이 제국 전체를 좌지우지할 수 없다. 이미 형제들이 각자 영토를 분할받아 통치하고 있다. 따라서 아버지 칭기즈칸 이후 대칸은 자신의 한 국만 통치할 뿐, 제국에 대한 통치는 상징적 의미일 수밖에 없다. 내가 이미 네 형제 중에서 가장 넓은 영토와 가장 많 은 몽골족과 가장 강력한 군사력을 거느리고 있다. 굳이 아 버지의 유언을 거스르며 대칸까지 차지하여 형제간 분란을 일으킬 필요는 없다.'

그런데 실착이다. 칭기즈칸 이후 대를 넘어가면서 제국은 결국 분할될 것이다. 툴루이가 세의 흐름은 제대로 읽었다. 그러나 대칸이 갖는 제국의 통합 지분은 여전히 유효하다. 그는 속도를 계산하지 못했다. 툴루이는 세의 흐름을 그 속 도까지 고려하여 나아가고 물러서는 판단을 달리하는 치밀 함까지는 갖추지 못했다. 그래서 툴루이는 훌륭한 장수이 기는 하나, 야율초재로부터 정치적 상상력을 의심받은 것 이다.

기록에 따르면, 툴루이는 네 형제 중 가장 용맹스러운 장수 였지만, 생각이 깊지 못하고 둘째 차가타이와 마찬가지로 정치적이지도 못해 칭기즈칸이 오고타이를 후계자로 지명했다. 관리형 재상이었던 야율초재도 몽골제국을 제국답게 초기에 안착시키는 데는 저돌적인 툴루이보다 정치적인 오고타이가 더 적임자라고 생각했다. 내심 감정적이고 즉흥적이며 독단적인 툴루이보다 영악하지만, 정치적이고 그래서 군신 간 기브 앤 테이크도 가능한 오고타이를 관리자인 그가 더 다루기 쉽다고 생각했을지도 모른다.

이런 막전 상황으로 볼 때 공식기록대로 대칸 승계가 형제간의 아름다운 권력 이양은 아니었을 가능성이 크다. 그래서 오고타이에게 대칸의 자리를 넘겼지만, 나이 마흔, 한창 나이인 툴루이가 형 오고타이를 대신하여 금의 저주가 든 독배를 스스로 들이켰다는 기록도 그냥 받아들이기 어렵다. 그래서 독살 가능성이 제기된다.

오고타이는 대족장회의 쿠릴타이에서 막냇동생 툴루이가 깔아놓은 양탄자를 밟고 대칸에 올랐다. 그러나 대칸에 오르는 순간 그를 그냥 내버려둘 수 없다고 판단했을 것이다. 거기에 '다시 하나의 제국으로'라는 기치로 제국의 통합을 추진하는 야율초재에게도 여전히 독자적으로 정복 활동을

벌이는 툴루이가 불편했을 것이다. 거기다 원칙주의자인 둘째 차가타이도 툴루이가 제국의 틀에서 자꾸 벗어나려는 것이 거슬렸을 것이다. 그러니 툴루이는 대칸에서 내려오는 순간 몽골제국의 주머니 속 송곳이 되어 있었다.

사실 금의 저주라는 이유부터 귀신 씻나락 까먹는 소리다. 대칸 자리를 찜찜하게 넘겨 마음이 꼬일 대로 꼬였는데, 그 형을 대신해 저주까지 떠안는다는 것은 상상력이 부족해도 한참 부족한 스토리텔링일 뿐이다. 그래서 《원조비사》에 아름다운 판타지를 기록했다고 보는 것이 맞다. 보다 현실적인 상상은 툴루이가 쓰러진 그 현장에 그가 독배를 마실 수밖에 없는 속사정이 있었거나 아니면 당했다는 것이다. 즉, 툴루이 가족을 위협하는 비열한 협박을 받았을 수 있고, 아니면 할아버지가 타타르족에게 당했듯 독을 탄 술인 줄 모르고 마셨을 수도 있다. 이 두 가지 가정은 이후에 비슷한 상황이 실제로 일어났기 때문에 훨씬 현실성이 있는 상상이다.

어쩌면 툴루이는 금의 저주가 아니라 몽골제국의 저주가

담긴 독배를 마셨는지 모른다. 몽골제국의 새로운 대칸 오고타이의 바람이 담긴 독배를 마셨는지 모른다. 그래서 3대 툴루이 가문이 오고타이 가문과 권력투쟁을 전쟁으로까지 끌고 갔고, 전쟁에서 승리한 이후 오고타이 가문을 철저히 파문한 앙금의 뿌리가 바로 이 2대 대칸 권력 이양기에 역사가 기록하지 않은 툴루이 죽음의 진실에서 비롯된 것이 아닐까?

대세와 속도

툴루이는 오고타이에게 대칸 자리를 이양했다.

'아버지 때와 달리

이제 몽골제국은 칸들의 제국이 될 것'이라고 생각했다.

그의 대세 판단은 옳았다.

그러나 그 속도를 놓쳤다.

대세를 읽어내는 힘은 정보력에서 나오지만,

속도에 그 호흡을 맞추는 것은 상상력이다.

무턱대고 나섰다가 화살받이로 먼저 쓰러지거나

쭈뼛거리다 제 눈앞에서 별이 사라지는 것이

다 그 상상력이 부족한 탓이다.

어쩌겠나

상상력은 마음에서 우러나는 요물이니.

칭기즈칸 이후, 2라운드(3)
- 오고타이의 허허실실

칭기즈칸이 죽고 2년 뒤 오고타이가 2대 대칸에 올랐다. 혹자는 그를 몽골제국의 대칸 중 가장 지혜로운 군주라고 평한다. 그러나 그의 처신을 보면 지혜롭다기보다 영악하다. 그는 술에 술 탄 듯 물에 물 탄 듯, 허허실실虛虛實實했다. 복잡하게 얽히고설킨 현실의 실타래를 나서 풀기보다 회피하고 부정하다가도 거기서 조금의 실익이라도 보이면 집요하게 파고들어 챙겼다. 그래서 정치적이라는 평가를 받은 것이다.

주치와 무모할 정도로 대립각을 세웠던 둘째 차가타이와 달리 오고타이는 주치를 장남으로 대했다. 대칸에 올라서도 아들 귀위크가 주치의 아들 바투와 헝가리 전선에서 불화를 일으키자 곧바로 자신의 아들에게 먼저 귀국 명령을 내려 갈등을 회피했다. 이런 그의 영악한 처신이 아버지 칭기즈칸의 마음을 얻었는지 모른다. 여느 창업 군주와 마찬가지로 칭기즈칸 또한 개국 초반에 왕자의 난으로 분열이 일어나기를 원하지 않았기 때문이다. 또 그런 아버지의 마음을 오고타이가 먼저 읽었는지 모른다. 그래서 2대 대칸에 올랐다.

둘째 차가타이는 칭기즈칸의 후계자 선택을 기꺼이 받아들였고, 동생 오고타이가 대칸에 오르자 제일 먼저 그 앞에 무릎을 꿇었다. 그런 것을 보면 차가타이가 장남 주치에 유독 까칠했던 것이 대칸 승계를 위한 권력투쟁이라기보다 그의 원칙주의적인 성향 때문일 가능성이 크다. 실제로 차가타이는 평생 몽골 법전을 정리하는 일에 매진했고, 자신이 만든 법전의 규약을 스스로 어겼을 때 직접 자신에게 벌하기도 했다. 그의 가문에 하사된 영토는 오늘날 중국 서쪽 신장 위구르 자치구 지역이다. 이후 그의 아들이 칸에 오르며 차가타이 한국이 된다.

아들이 많은 왕가에 보면 꼭 이런 왕자가 한 명 있다. 권력욕을 경쟁적으로 드러내면서 노골적으로 으르렁거리는 왕

칭기즈칸 셋째 아들 오고타이

자들만 있는 것이 아니라 차가타이 같은 왕자도 나온다. 자의든 타의든 권력투쟁에서 한발 물러나 자신만의 원칙을 지키며 그것으로 목소리를 내는 왕자, 권력을 포기하는 대신 반대급부를 챙기는 셈이다. 어쩌면 승자만 살아남고 나머지는 다 죽어야만 끝나는 왕자의 난에서 능력이든 성정이든 이 권력투쟁이 맞지 않을뿐더러 흥미가 없기 때문에 나름 선택하는 또 다른 생존 방식일지 모른다. 재벌 아들 중에 느닷없이 딴따라도 나오지만, 법률가나 학자가 되겠다고 갓길로 나와 그룹 주변을 겉도는 아들도 나오는 것이 그런 마음에서 비롯되었는지 모른다.

그래서 차가타이는 주치와 달리 대우도 받고 천수도 누린다. 그는 대칸 자리를 포기하는 대신 대칸 오고타이에게 평생 입바른 소리를 해댔고, 다행히도 동생인 오고타이도 끝까지 형의 말에 귀 기울여주는 척했다. 집안 어른 행세하며 집안 행사의 상석을 차지하고, 집안 내부에 갈등이 생기면 여지없이 나타나 심판자 노릇까지 했다. 권력을 포기했을 때 얻을 수 있는 모든 프리미엄을 다 누린 셈이다.

2대 오고타이 대칸 때 몽골제국의 영토가 가장 넓어진다. 그래서 칭기즈칸과 함께 몽골제국의 터를 닦은 대칸이라는 평가도 얻는다. 장남 주치의 아들 바투가 러시아 남부를 정복하고, 동유럽으로 말머리를 돌려 헝가리와 폴란드를 지나 오스트리아까지 쳐들어가 신성로마제국과 마주했다. 오고타이도 멀리 중동지역까지 군대를 보내 이슬람 제국 호라즘을 밀어내고 이란 지역까지 차지하였고, 중국으로 내려가서는 금을 멸망시키고 장강을 사이에 두고 남송과 대치했다. 그리고 최씨 무신 통치하에 있던 고려를 처음 침공한 것도 바로 이 오고타이 대칸 때다.

그러나 내치는 엉망이었다. 허허실실 오고타이는 개국공신 야율초재가 개혁한 인구조사에 기반한 조세 규약을 완벽하게 망가뜨렸다. 툴루이 진영에 섰던 종친과 공신들을 자기 세력으로 끌어들인답시고 마구잡이로 봉토를 하사하며 선심 공세를 펼쳤다. 눈치를 본 거다. 그러자 그들은 옳다구나 하고 중앙으로 올라갈 세금을 당연한 듯 중간에서 다 빼먹었다. 결국 국가 재정은 거덜 나기 시작했다. 오고타이의 허허虛虛다.

그 와중에 오고타이는 제수인 막냇내동생 툴루이의 처 소르각타니에게 자신의 아들 귀위크와 결혼하라고 겁박했다. 몽골의 풍습상 가능한 요구지만, 그 이면은 툴루이 가문의 영토를 다 빼앗기 위한 속셈이고 술수였다. 소르각타니가 그의 의도를 모를 리 없다. 그녀는 오고타이가 생각하는 그 정도 여인이 아니었다. 어린 네 아들을 꼭 부여안고 대칸의 요구를 끝내 거절했다. 하는 수 없이 오고타이는 툴루이 가문의 영토를 온갖 명분을 내걸어 야금야금 가로채 빼먹었다. 그것이 그의 유일한 내치, 실실實實이었다.

몽골제국의 전체 파이는 커졌으나 그 내부는 갈등과 분열로 금이 가기 시작했다. 몽골족은 정복에 능하지만, 통치 능력이 부족했다. 그것을 잘 안 칭기즈칸은 야율초재를 절대 신임했다. 그러나 오고타이는 그를 반만 믿었다. 자신에게 실익이 되는 것만 그를 신임하고 그 몫을 챙겼다.

그리고 문제는 또 술이었다. 스스로 재임 기간 중 그가 가장 잘못한 일이 '술독에 빠지는 것'이었다고 고백할 정도였다. 물론 그것만은 아니었지만. 형 차가타이가 하루 한 잔만 마시라고 경고하자 엄청난 크기의 잔을 따로 제조해 마실 정도였다. 결국 심장마비로 급사했다. 칭기즈칸의 가계가 모두 대주가大酒家다. 그래서 술 때문에 죽어 나간 사람이 한둘이 아니다. 툴루이도, 오고타이도 그 아들들도 술이 화근이었다. 진짜 술 때문에 죽은 건지, 갑자기 죽으니까 술 때문이라고 하는 건지는 확실치 않지만 오고타이도 그렇게 갔다. 한편 툴루이 독살설처럼 오고타이 독살설도 있다. 어쨌든 그렇게 칭기즈칸의 2세들의 시대는 분열의 씨앗을 뿌리고 끝난다.

관리자의 한계

제국의 설계자 야율초재도 무난한 길을 선호했다.

용맹스러운 장수 툴루이 대신

이해타산이 밝은 정치가 오고타이를 선택했다.

관리자들의 전형적인 의사결정이다.

제국이든 기업이든 급성장하면 관리자들은 리더의 발목을 잡는다.

"그만, 그만. 이젠 시스템이야."

그래야 그들의 시간이 시작되기 때문이다.

그러나 액셀러레이터를 좀 더 밟아야 할 때도 있다.

유목민인 몽골족은 주저앉으면

뿌리를 내리는 것이 아니라 정체성을 잃는다.

그래서 옆길로 샌다.

제국이든 기업이든 주체의 기를 읽고 세를 타야 한다.

관리자가 판단할 수 있는 영역이 아니다.

그래서

리더는 나서서는 꿈에 취해 펼치고

돌아와서는 숫자를 맞춰야 한다.

관리자를 가까이 두되 함께 뜻을 펼치지 말고

장수와 술자리를 갖되 복기하지 말라고 한다.

그 반대로 하는 자가 많아 성공한 리더가 드물다.

칭기즈칸 이후, 3라운드(1)
- 여인들의 전쟁: 퇴레게네

칭기즈칸의 2세들은 아버지 칭기즈칸의 유언이 있었고, 칭기즈칸을 모셨던 4선봉 개국공신이 있었기에 그들의 갈등이 전쟁과 제국의 분열로까지 이어지지 않았다. 몽골제국의 대칸은 대족장회의 쿠릴타이에서 결정되었고, 제국의 정복 활동이 각개약진으로 이루어졌지만, 대칸의 승인하에 이루어졌다. 그러나 3세들은 달랐다.

2대 대칸 오고타이는 후계자 지명 없이 급사했다. 술 중독에 의한 심장마비로 알려졌지만, 그 또한 전후 상황을 보면 독살설에 더 힘이 실린다. 허허실실 오고타이는 60명이 넘는 황후와 황비, 첩을 두었다. 이것도 실실인가? 아니면 허허인가? 그가 총애한 아들은 셋째 아들 코추였다. 그래서 코추의 아들 시레문을 후계자로 지명하려고 했다. 그러자 장남 귀위크의 생모 퇴레게네가 이를 극렬하게 반대했다.

그 와중에 오고타이가 아랍 상인과 사냥을 다녀온 뒤 그와 술을 마시다 급사했다. 급사한 시점과 전후 상황이 애매하다. 더욱이 그 아랍 상인이 퇴레게네의 정부情夫였다는 설까지 있다.

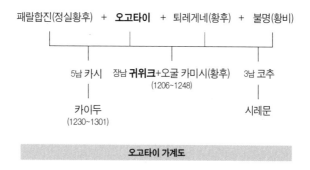

오고타이 가계도

오고타이가 급사한 이후 몽골 황궁은 퇴레게네가 장악했다. 그녀는 자신의 아들인 귀위크를 후계자로 세우기 위해 생전에 여러 차례 오고타이에게 간언했으나 거절당했다. 오고타이가 죽은 후 국상 야율초재를 자기편으로 끌어들여

이를 관철하려 했으나 그 또한 신하가 황실의 일에 관여할 수 없다는 원칙을 내세웠다. 한마디로 반대한다는 것이다. 결국 몽골 대족장들을 하나하나 설득해야 했다. 퇴레게네는 이들의 동의를 얻기 위해 5년 동안이나 섭정을 연장하면서 쿠릴타이 개최를 미뤘다.

그때 장손인 주치의 아들 바투가 귀위크의 대칸 추대에 반대하고 나섰다. 지난 헝가리 원정에서 귀위크가 아버지 주치의 출생 문제를 난데없이 거론하며 그의 감정을 건드렸던 전력도 한몫했다. 대신 그는 막내 삼촌인 툴루이의 장남 몽케를 대칸으로 밀었다. 그런데 황가의 어른인 둘째 삼촌 차가타이가 또 심판자처럼 나타나 귀위크의 추대를 지지하고 나섰다. 그러자 바투는 몽골제국의 대칸 승계 논쟁에서 발을 빼버렸다. 그 후 차가타이가 죽으며 칭기즈칸의 2세들이 모두 세상을 떠나자 바투는 몽골제국으로부터 완전히 독립해 따로 킵차크 한국을 세우고 스스로 칸에 올랐다.

그 사이 퇴레게네는 섭정 5년 동안 자기 사람으로 중앙권력을 교체했다. 칭기즈칸 이후 정권의 핵심이었던 야율초

오고타이 대칸의 황후 퇴레게네

재 등 개국공신과 관료들을 대거 숙청하고, 그 자리를 중앙
아시아 무슬림 출신 재무 관료들로 채웠다. 거란 황족 출신
인 야율초재는 몽골제국을 중국식 중앙집권형 관리시스템
으로 경영해왔는데, 무슬림 출신으로 교체되며 제국의 운
영체제는 상인들의 이재利財 시스템으로 바뀌었다. 퇴레게
네에게는 처음부터 제국 경영의 개념이 없었던 것이다. 오
로지 자신과 가문의 이권에만 관심이 있었다. 그래서 무슬
림 장사치를 제국 경영에 끌어들인 것이다. 깜이 아니었다.
남편 오고타이 대칸으로부터 보고 배운 것이 그것이었다.
사실 오고타이 가문은 다 그랬다.

그렇게 아들 귀위크를 대칸의 자리까지 기어이 끌어올렸
다. 어머니의 피 묻은 손에 이끌려 3대 대칸에 오른 귀위크
는 재위 2년을 못 채우고 그 역시 급사한다. 또 술 때문이
라고 기록되어 있다. 사인이 반복되니 먼저 의심부터 든다.
이번에는 제대로 사인을 추적해보자.

귀위크가 대칸에 오른 후 처음 내린 공문이 몽골제국으로
부터 독립을 선언한 바투를 몽골 초원으로 소환하는 것이

었다. 당시 제국의 정가와 민심은 국상 야율초재가 숙청된 이후 혼란에 빠진 국가 경영시스템을 대칸에 오른 귀위크가 추스러주기를 기대했다. 그러나 귀위크는 개인 앙금으로 복수부터 벼른다. 새로운 제국의 미래 청사진을 보여주기도 전에 대칸으로서 권력을 이용하여 과거 청산부터 서두른다. 여론도 서둘러 그 역시 깜이 못 된다고 판단한다. 그 어미에 그 자식이라고. 애초 대칸에 오를 인물이 아니었다고. 야율초재가 왜 반대했는지 알았다고. 대중은 미래가 아니라 과거에 집착하는 리더를 관망할 뿐 따르지 않는다. 어리석은 리더는 불행하게도 그것을 수용으로 해석한다. 원래 그렇게 비극이 시작된다.

그러나 바투 역시 귀위크가 자신을 초원으로 소환한 의도를 눈치채고 아예 대군을 이끌고 몽골로 동진해왔다. 이 기회에 그 역시 귀위크에 대해 복수를 할 심산이었다. 귀위크도 지지 않고 대군을 이끌고 바투의 진군로 길목에 앞서 나가 그를 기다렸다. 한번 제대로 붙어보자는 거다. 칭기즈칸 3대에 이르러 마침내 골육상쟁 일보 직전으로 치달았다. 칭기즈칸의 장손 바투와 2대 대칸 오고타이의 장자 귀위크, 3세들의 전쟁이 시작되었다.

그런데 바로 그때 귀위크가 야영지에서 급사한다. 그의 나이 마흔세 살이다. 칭기즈칸의 3세 대표 주자들 간의 한판 승부를 앞둔 긴박한 상황에 게르에 혼자 들어가 술을 마시다 급사했다고 한다. 고개가 갸웃된다. 그러나 공식기록과 달리 툴루이의 아내이자 장남 몽케의 생모인 소르칵타니가 바투에게 귀위크에 대한 첩보를 제공해서 바투가 자객을 보냈다는 비공식 기록이 있다. 이 야사가 훨씬 더 설득력 있어 보인다.

실제로 바투가 오고타이 사후 차기 대칸으로 몽케를 지지해왔기 때문에 소르칵타니가 그 첩보를 바투에게 흘렸고, 그래서 바투가 귀위크 사후에 몽케를 대칸으로 추대했다는 설은 앞뒤가 딱딱 맞는다. 적어도 술 마시다 객사했다는 공식기록보다 자객에 의해 암살당했다는 비공식 기록이 더 설득력 있는 건 분명하다. 그러나 귀위크가 이미 몽골 정가에서 신임을 많이 잃었던 당시 상황으로 볼 때 굳이 소르칵타니가 아니라고 해도 내부의 누군가가 바투에게 첩보를 흘렸을 것이라는 유보적 상상이 좀 더 현실적이지 않을까 싶다.

어쨌든 2대 오고타이도 그랬고, 퇴레게네 그리고 3대 귀위크까지 대 몽골제국을 이끌 대칸, 지도자로서 졸렬했고 자격 미달이었다. 왜냐하면 칭기즈칸이 일으킨 몽골제국은 완성되었다기보다 이제 막 뻗어나가야 할 상황이었기 때문이다. 적어도 2대, 3대까지는 정복하고 영토를 넓히고 거기에 어울리는 통치 시스템을 구축해야 할 시기였다. 제국의 설계자 야율초재가 그래서 오고타이를 대칸으로 받아들였고, 몽골 대족장들도 그래서 귀위크가 대칸으로 부족하다고 판단했다. 즉, 제국다움을 갖춰야 할 시기에 대칸의 황위를 이은 오고타이 부자는 제국의 대칸이 아니라 오고타이 가문을 위한 오고타이 한국의 칸이었을 뿐이었다.

오고타이의 성정은 단지 딱 부러지는 데 없이 두루뭉술해서 포용력이 있어 보였을 뿐이고, 귀가 얇아 사람들의 말에 귀를 쫑긋해서 지혜로워 보였을 뿐이다. 그래서 이해타산에 밝으나 소탐대실하는 데 그 뛰어난 정치력을 발휘하였다. 사실 딱 그 정도의 인물이었다. 야율초재가 흰 도화지와 같다고 여겨 그를 선택했다지만, 정작 그는 제국 경영에 관해서만 백지였을 뿐 그 속내는 새까맸다. 한마디로 사악했다. 그의 아내 퇴레게네가 보고 배운 것이 바로 그런 남편 오고타이었다. 그녀의 정치력은 그 범주에서 다운그레이드되었을 뿐이다. 그럼에도 오고타이와 달리 능력보다 더 많은 사욕을 노골적으로 드러냈다.

아들 귀위크도 대칸이었던 아버지의 후광과 권력에 대한 어머니의 집착에 떠받들려 그 자리에 올랐을 뿐이다. 그럼에도 권력을 사사로이 휘두르며 대칸으로서 위세를 먼저 부리느라 주변을 둘러보지 못했다. 리더는 자기가 서 있는 높이만큼의 안목이 필요하다고 한다. 그 넓이만큼의 세상과 사람들을 끌어안을 품도 필요하다고 한다. 그러나 귀위크는 대칸의 지위를 탐냈으면서도 그만큼 높지도 넓지도 않았다. 그래서 자신에 대한 기대에 귀 기울이지 못했을 뿐만 아니라 주변의 변화조차 눈치채지 못했다. 주변에서 떠받들자 그 자리가 원래 자신의 것인 양 자만과 망상에 빠진 2세, 그래서 권력도, 제 명도 채 누리지 못하고 폭망한 재벌 2세였을 뿐이다.

어쩌면 귀위크의 그런 찌질한 처신은 아버지 오고타이의 탓인지 모른다. 선대의 허허실실에서 어떻게 스스로를 돌아볼 염치를 차릴 수 있었겠나? 도덕과 실용의 갈림길에서 어떤 가치를 지켜야 할 것인가는 책에서 배우기보다 경험에서 보고 배운다. 실리를 추구하다가도 도덕적 잣대에 어긋날 때 흔쾌히 실리를 물리는 선대의 선택을 보고 자란 아들과 어떻게 해서든 실리를 놓지 않으려고 억지와 편법을 부리는 선대의 선택을 보고 자란 아들, 그 아들의 다음 선택은 보고 배운 그대로다. 누구를 탓하겠는가? 후대에 결핍을 가르쳐야 한다는 것이 그 말이다. 결핍은 부족만이 아니다. 손해도 볼 줄 알아야 한다는 말이다.

"너도 커서 애 낳고 살아봐라."

사춘기 딸을 가진 어머니들이
자주 하는 푸념이다.

칭기즈칸이 장자 주치를 생각하는 마음을
셋째 아들 오고타이는 얼마나 이해했을까?

또 오고타이는 그의 장자 귀위크가
자신을 얼마나 이해해주길 바랐을까?

미국에 이런 속담이 있다.

"남자가
'그때 아버지가 어쩌면 옳았을지도 몰라'라는 사실을
깨달을 때가 되면
그에게도 이제

'아버지가 틀렸어'라고 생각하는 아들이 있다."

칭기즈칸 이후, 3라운드(2)
- 여인들의 전쟁: 소르각타니

3대 대칸 귀위크가 급사하자, 이번에는 그의 처 오굴 카미시가 발 빠르게 움직였다. 그녀의 두 아들과 오고타이가 후계자로 지명했던 시레문을 앞세워 섭정을 선언했다. 그녀의 시어머니 퇴레게네를 벤치마킹한 것이다. 그러나 오굴 카미시의 선언은 우선 퇴레게네 때와 상황이 달랐다. 퇴레게네는 시숙부이자 가문의 어른이었던 차가타이라는 든든한 뒷배가 있었다. 그러나 그녀 뒤에는 아무도 없었다. 그리고 귀위크도 대칸이었지만, 오고타이와 그 급이 달랐다. 재위 기간이 2년도 채 못 되었고, 대칸으로 제국을 제대로 장악하지도 못했다.

거기다 그녀가 귀위크의 황후로서 섭정을 선언한다고 해서 차기 대칸 임명에 대한 발언권과 정당성을 확보할 수 있는 상황도 아니었다. 이미 귀위크 때부터 반대편에 대치하고 있는 주치 가문과 툴루이 가문에서 인정할 상황이 아니었다. 가장 중요하게는 오굴 카미시의 정치적 역량이 퇴레게네와 비할 바가 못 되었다.

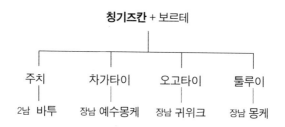

칭기즈칸 + 보르테

주치 — 2남 **바투**

차가타이 — 장남 예수몽케

오고타이 — 장남 귀위크

툴루이 — 장남 몽케

칭기즈칸의 3세들

먼저 주치 가문의 바투가 다시 움직였다. 그는 오굴 카미시의 섭정을 부정하고, 따로 쿠릴타이를 소집하여 툴루이 가문의 장남 몽케를 4대 대칸으로 추대했다. 그러자 오굴 카미시도 자신의 장남 코자를 내세웠다. 둘째 차가타이의 아들 예수몽케가 유일하게 그녀를 지지했다. 차가타이 가문은 처음부터 쭉 그냥 오고타이 가문과 함께 가기로 한 듯하다. 아니면 장남 주치 가문을 끝내 인정하지 않고 맞짱을 뜨기로 했든지.

그렇게 칭기즈칸의 장자 집안과 막내 집안이 한편이 되고, 둘째 집안과 셋째 집안이 한편이 되어 전쟁이 일어났다. '오고타이(퇴레게네) + 차가타이 vs 주치(바투) + 툴루이(소르각타니)', 2세들의 갈등 이후 두 번째다. 이번에는 3세들이다. '귀위크(오굴 카미시) + 예수몽케 vs 바투 + 몽케', 3세들의 전쟁. 2세 때와 달리 단순한 대립이 아닌 말 그대로 전쟁이었다.

그러나 이 싸움은 몽케 측의 일방적인 승리로 끝난다. 대칸에 올라 가문의 이익만을 추구했던 오고타이 가문의 편에선 몽골 대족장은 아무도 없었다. 다시 쿠릴타이를 열어 대칸에 공식 등극한 몽케는 피의 대숙청을 시작한다. 오고타이 가문을 거의 멸족시켜 버린다. 오굴 카미시는 발가벗긴 채 고문을 해서 살해한 후 시체를 벨트에 말아 강가에 내다 버린다. 칭기즈칸의 피를 받은 황금 씨족은 공개 숙청을 법으로 금지해왔다. 그러나 몽케는 몽골제국 역사상 전무후

무한 황금 씨족에 대한 공개 대학살을 벌였다. 20년 동안 오고타이 가문에 핍박받은 툴루이 가문의 한바탕 푸닥거리가 진행되었다.

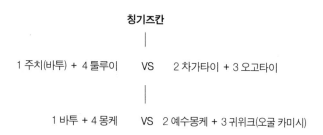

칭기즈칸

|

1 주치(바투) + 4 툴루이 　　　VS　　　2 차가타이 + 3 오고타이

|

1 바투 + 4 몽케 　　　VS　　　2 예수몽케 + 3 귀위크(오굴 카미시)

칭기즈칸의 2세와 3세, 대를 이은 대립

여기서 우리가 짚고 넘어가야 할 것은 바투의 선택이다. 바투는 3대 귀위크의 대칸 추대 때도 반대 입장을 냈다. 그리고 귀위크의 장자 코자의 대칸 추대에는 대놓고 반대했을 뿐만 아니라 전쟁도 불사했다. 사실 오고타이는 차가타이와 달리 적어도 겉으로는 주치를 장남으로 인정해주었다. 그런데 왜 바투는 유독 오고타이 가문과 대립하는 걸까? 지

난날 유럽 원정 때 귀위크가 자신의 아버지 주치의 출생의 비밀을 건드리며 자신을 모욕한 것에 대한 분풀이일까?

나이는 한 살 차이지만, 아버지 주치 때문에 빨리 성숙해진 바투는 생각이 깊었다. 철딱서니 없는 귀위크의 가벼운 입놀림을 보면서도 '대칸에 오를 수도 없고, 설령 오른다 해도 머지않아 사달이 날 것'을 이미 알고 있었기 때문에 속으로 혀만 찰 뿐이었다. 원래 선수는 하수와 더불어 감정에 휘둘려지지 않는다. 그러면 이번 4대 대칸 승계에서 그의 판단은?

바투가 오고타이 가문이 아니라 툴루이 가문을 지지한 이유는 감정이 아니라 이성이었다. 툴루이 가문은 오고타이 대칸 때 그 세력이 급격하게 약화하였다. 앞서 말했지만, 칭기즈칸 사망 당시에는 가장 넓은 영토에 가장 많은 몽골족을 거느린 최강 세력이었으나, 툴루이가 의문의 죽임을 당한 후 오고타이 가문에 의해 땅도 빼앗기고 세력도 잃었다.

바투는 그런 툴루이 가문에 대칸의 지위를 넘겨주면 자신

툴루이의 부인 소르각타니

이 몽골제국의 막후 실세로 역할을 할 수 있다고 판단한 것
이다. 그리고 이를 통해 자신이 세운 킵차크 한국을 몽골제
국으로부터 완전히 독립적으로 통치할 수 있다고 생각한
것이다. 현명하다. 이미 출신의 문제로 몽골제국의 대칸이
될 수 없는 주치 가문의 상속자로서 취할 수 있는 최선의
선택이 아니었을까 싶다.

이런 바투의 속내를 미리 들여다본 이가 바로 소르각타니
였다. 선수는 선수를 바로 알아본다. 그녀는 자신의 아들
몽케를 대칸에 올리고, 오고타이 가문에 복수하기 위해 바
투에게 접근했다. 귀위크의 원정을 귀띔하여 바투가 자객
을 보냈다는 설이 이런 배경에서 또 나왔다.

툴루이가 죽었을 때 오고타이는 과부가 된 제수에게 자신
의 아들 귀위크의 처가 될 것을 강요했다. 어찌 조카에게
재가하라고, 소르각타니는 어린 네 아들을 꼭 품으며 당당
히 거절하였다. 그러나 말 못 할 모욕과 함께 엄청난 압박
이 이어졌다. 남편이 물려받은 몽골제국의 노른자위 영지
를 대칸 오고타이가 이런저런 구실을 붙여 야금야금 빼먹

을 때, 남편 옆을 지켰던 장수들이 하나둘 가문을 배반하고 떠나갈 때 속으로 울음을 삼키며, 그 눈물로 가슴속에 품어둔 칼을 벼리었다. 그녀가 오고타이의 며느리이자 귀위크의 아내인 오굴 카미시의 고문을 직접 집전한 이유다.

4대 대칸에 오른 몽케도 스물세 살에 아버지 툴루이가 죽은 뒤 장남으로서 어린 세 동생을 데리고 오고타이 가문의 핍박을 고스란히 받아내야 했다. 그리고 어머니 소르각타니의 엄격한 훈육 아래 숨을 죽이며 분을 삭히고 기회만을 노리며 20년을 버텼다. 그가 대칸에 오르자 오고타이 가문에 대한 피의 대숙청을 밀어붙인 이유다.

몽케는 칭기즈칸의 황금 씨족이면서도 어렵고 힘든 어린 시절을 보낸 탓인지 생각과 행동이 유연하기보다 우직했다. 섣불리 머리를 굴리려다 자신의 목숨은 물론 가문이 멸할 수도 있다. 그 두려움으로 잔머리가 발달하지 못했다. 곧이곧대로다. 그렇다고 누구를 쉽게 믿을 수도 없다. 권력자의 견제를 받는 가문의 장자에게 누구도 쉽게 마음을 주지 않은 탓도 있지만, 그 마음의 진위를 의심할 수밖에 없는 처지였기 때문이다. 그래서 생각을 안으로 접어야 했고, 고집으로 드러낼 수밖에 없었다. 그래서 샛길도 넘겨볼 수 없는 처지라 항상 정답이 정해진, 답정남으로 굳어졌다.

몽케는 오고타이 가문에 대한 한판 푸닥거리를 끝낸 후 서둘러 정복에 나선다. 유목민족인 몽골족은 내치에 머물수록 꼬인다. 정복에 나서야 내부의 갈등도 풀린다. 오고타이가 반 점짜리 대칸이라도 된 것은 원정 때문이고, 귀위크가 빵점짜리 대칸이 된 것은 내부의 갈등에만 몰두했기 때문이다. 둘째 쿠빌라이를 중국으로 돌려 저항하는 남송을 치게 했고, 셋째 훌라구를 시켜 중동을 정복하게 했다. 쿠빌라이는 중국으로 내려가면서 오늘날 내몽고, 만주, 화북 일대를 자기 영역으로 확보했다. 훌라구도 오늘날 이라크를 중심으로 이란, 아프가니스탄 북부를 정복한 이후 그 지역에 일 한국을 세우고 칸에 올랐다. 다시 몽골제국이 돌아가기 시작했다.

— 다섯 번째 질문 —

여자의 복수

마침내 아들 몽케가 대칸에 오르자
소르칵타니는
시아주버니 차가타이가 만든 몽골 법전을 무시하고
조카 며느리인 오굴 카미시를 발가벗겨 고문한 후 그 시체를
강가에 내다 버린다.
대칸 자리까지 넘긴 남편을 의문의 죽음으로 몰아간 오고타이에
대한 복수다.
과부가 된 자신을 능멸한 오고타이 가문에 대한 툴루이 가문의
복수다.

복수할 때도 사랑할 때도
여자는 남자보다 훨씬 더 야만적이라고 니체가 말했다.

잊어버리는 것보다 더 큰 복수는 없다고 하지만
그녀에게는 씻을 수 없는 상처가 남아 있기 때문이다.

복수심은 여자의 감정 중 가장 끈질기기 때문이다.

헝가리 부다페스트에 있는

테러 하우스 입구에 다음과 같은 문구가 적혀 있다.

용서하자 그러나 잊지는 말자.

"Forgive But Never Forget."

이성적으로는 고개를 끄덕일 수 있으나

누구라도 쉽게 몸이 따라주기 힘든 경구라

테러 하우스는 반복해서 보여준다.

칭기즈칸 이후, 4라운드(1) - 제국의 분할

몽케는 막냇동생 아리크 부카를 편애했다. 오고타이 대칸 시절에 집안이 모두 힘든 시기를 겪었다. 장남으로서 십대 초반을 보냈던 막내 부카가 항상 짠했다. 그 점은 어머니 소르각타니도 마찬가지였다. 그래서 몽골족의 말자상속 전통에 따라 후계자로 부카를 염두에 두었다. 그런데 셋째 훌라구와 달리 둘째 쿠빌라이가 거슬렸다. 사실 훌라구는 그 속을 알 수가 없는 놈이다. 겉으로 드러내는 일이 없다. 그런데 쿠빌라이는 무슨 일을 하든 튀고, 눈에 띈다.

남송을 치러 보냈더니 정벌보다 자기 영지를 만들기에 바빴고, 그 휘하에 몽골족보다 한족을 더 챙기고 중시하여 몽골 황족과 대족장들의 의심과 불만을 사는 것도 언짢았다. 몽골족의 전통에 따라 언젠가 땅을 떼 분가해 나가겠지만, 굳이 티를 내고 벽을 미리 쌓는 것 같아 불편했다. 그래서 대칸 몽케는 쿠빌라이를 뒤로 물리고 직접 남송 정벌에 나섰다. 쿠빌라이에게 한 번쯤 경고를 보낼 필요가 있었다. 허허벌판인 몽골 초원과 달리 비옥한 만주와 화북을 제국에서 직접 챙기겠다는 의도도 있었다.

그러나 몽케가 무리했다. 둘째 쿠빌라이를 견제하겠다는 의욕이 앞선 나머지 충분한 준비가 부족했다. 한여름 만주의 뜨거운 날씨도, 험난한 지형도 고려 없이 덤벼들었다. 남송의 반격도 예상 밖으로 강했다. 사실 여진의 침략으로 북송이 멸망하고 항저우까지 밀려났지만, 남송의 내공은 만만찮았다. 원래 개국 초부터 거란의 파상공세를 어쨌든 다 막아냈고, 이어진 여진의 압박에도 수도를 장강 아래로 옮기면서까지 버텼던 송이다. 거기다 강남의 물자가 풍부해 배후가 더 튼튼해진 것이다.

몽골이, 몽케가 너무 쉽게 생각했고, 의욕이 앞섰다. 마음이 앞서면 탈이 난다. 지원 요청을 받은 쿠빌라이까지 느릿느릿 행군해오는 바람에 한때 고립당하기까지 했다. 참모들도 일시 후퇴를 진언했다. 그러나 몽케가 고집을 피웠다. 결국 쓰촨 전선에서 몽케가 숨을 거둔다. 기록에는 사인이 나오지 않는다. 당시 전장에 떠돌던 전염병에 걸려 병사했다고 하나 남송의 석궁에 맞아 중상을 입어 죽었다. 전사다.

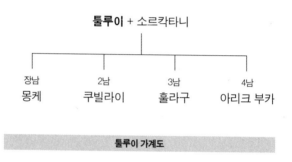

툴루이 + 소르칵타니

| 장남 | 2남 | 3남 | 4남 |
| 몽케 | 쿠빌라이 | 훌라구 | 아리크 부카 |

툴루이 가계도

몽케가 전장에서 숨을 거두었을 때, 몽골제국의 수도 카라코룸에는 막냇동생 아리크 부카가 지키고 있었다. 부카는 몽케 가문과 대족장들의 전폭적인 지지를 받으며 쿠릴타이를 거쳐 대칸에 추대되었다. 툴루이 가문과 대립했던 차가타이와 오고타이 가문도 지지 의사를 보냈다. 몽케도 부카를 생전에 후계자로 생각했고, 그의 어머니 소르각타니도 부카를 지지했다. 말자상속이라는 몽골족 전통도 그 정당성에 힘을 보탰다. 특히 몽골 황실과 대족장들이 쿠빌라이의 친한親漢 성향에 대한 우려와 반발이 컸다.

카라코룸에서 개최된 쿠릴타이의 결정을 뒤늦게 알게 된 쿠빌라이는 남송 전선에서 서둘러 군대를 철수한다. 그리고 자신의 영내로 돌아와 한족 참모들과 만주의 여진족들만 모아놓고 그들만의 쿠릴타이를 열어 스스로 대칸에 오른다. 이 결정에 몽골 황족으로서는 유일하게 셋째 훌라구만 지지를 보냈다. 사실 적극적인 지지라기보다 애매한 태도를 취했다는 게 보다 정확하다. 훌라구는 원래 속을 드러내지 않는 인물이다. 어쩌면 그 둘이 싸우다 보면 어부지리를 얻을 수 있다고 잔머리를 굴렸는지도 모른다. 훌라구는 그렇게 의뭉하다. 그렇게 쿠빌라이는 막내 부카와 대칸의 지위를 놓고 대립한다. 그러나 쿠빌라이는 명분과 세에서 모두 밀렸다.

대립은 오래가지 않았다. 결국 전쟁이 벌어졌다. 만주에 베이스캠프를 차린 쿠빌라이가 수도 카라코룸으로 말머리를 돌린다. 그의 대칸 선언을 현실화할 길이 전쟁뿐이라고 판단했는지 모른다. 오고타이 가문과 툴루이 가문의 3세들의 전쟁이 끝난 지 딱 10년 만이다. 다시 몽골 황가에서 왕자의 난이 벌어졌다. 이번에는 툴루이 가문 내부에서 벌어졌다. 둘째 쿠빌라이와 막내 아리크 부카 간 형제의 전쟁이 시작되었다.

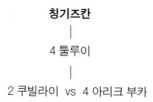

칭기즈칸
|
4 툴루이
|
2 쿠빌라이 vs 4 아리크 부카

툴루이 가문의 대립

전쟁이 시작되었을 때 양 진영의 군사력으로만 보면 당연 아리크 부카 쪽이 앞섰다. 몽골제국의 주류가 부카 쪽에 섰기 때문이다. 초반 전투에서도 부카가 우세했다. 그러나 카라코룸 결전에서 부카가 쿠빌라이의 말발굽에 짓밟힌다.

어떻게 된 걸까? 한마디로 부카가 전투에서는 승리했지만, 그 승리를 전쟁의 승리로 연결하지 못했기 때문이다.

그는 어머니 소르각타니와 형 뭉케의 사랑을 받는 데 익숙할 뿐, 그 사랑을 동족에게 되돌리는 데 서툴렀다. 몽골족의 대칸에 오른 부카에게 측은지심, 인仁이 부족했다. 할아버지 칭기즈칸으로부터 적에 대해 엄격하라 배웠는데, 부카는 동족인 몽골족에 더 엄격했다. 저항하거나 배신하는 적을 용서하지 말라 가르쳤는데, 방관하거나 뒤로 물러서는 동족을 쫓아가 잔인하게 학살했다. 전투에서 승리할 때마다 자신의 편에 섰던 더 많은 몽골족이 등을 돌렸다. 부카는 대칸으로서 정당성은 확보했지만, 정작 대칸으로서 리더십을 갖추지 못했다. 더욱이 세계 최대 제국, 대 몽골제국을 품을 리더감은 아니었던 것이다.

1264년 부카가 항복했다. 쿠빌라이는 카라코룸으로 돌아와 쿠릴타이를 다시 열어 5대 대칸에 오른다. 그리고 쿠빌라이는 그 자리에서 대 몽골제국의 분할 통치를 선언한다. 오늘날 몽골과 내몽고, 만주 그리고 화북 지역만 자신의 통

치구역으로 지정하고, 러시아까지 진출한 주치 가문의 킵
차크 한국은 물론 중앙아시아의 차가타이 한국, 중동의 일
한국 등 부카를 지지했던 모든 황족에게 그 종주권을 인정
했다.

칭기즈칸 + 보르테

1 주치	2 차가타이	3 오고타이	4 툴루이
바투	예수몽케	카이두	쿠빌라이　홀라구
킵차크 한국	**차가타이 한국**	**오고타이 한국**	**원(元)　일 한국**

칭기즈칸 제국의 분열

칭기즈칸 이후, 4라운드(2) - 쿠빌라이의 선택

대칸에 오른 쿠빌라이는 왜 제국의 분할을 선택했을까?

쿠빌라이는 왕자의 난을 치르고 대칸에 올랐다. 심지어 먼저 전쟁을 일으켰다. 그런데 정작 전쟁에서 승리하고 대칸에 오르자마자 대 몽골제국을 분할했다. 왜? 그의 목표가 대칸이고, 대칸으로서 하나의 대 몽골제국을 통치하려는 욕심이 아니었나? 혹자는 쿠빌라이가 카라코룸에서 5대 대칸에 올랐을 때 그 대관식에 참석한 대부분의 황족과 대족장들이 부카를 지지했었고, 여전히 쿠빌라이에 대해 경계와 긴장을 끈을 놓지 않았기 때문이라고 주장한다. 그래서 그의 선택은 불가피했다고 주장한다.

그러나 여러 기록을 종합해 당시 상황을 상상해보면, 쿠빌라이의 그 선택은 마지못해, 상황에 밀려서 결정한 것 같

쿠빌라이 대칸

지 않다. 당시 쿠빌라이의 전후 행동을 통해 그의 생각을 상상해보면, 그는 대칸으로서 대 몽골제국의 통치에 그닥 매력을 느끼지 못한 듯하다. 굳이 동유럽과 중동, 중앙아시아까지 자신의 권력을 행사하고, 통치를 확인할 욕망을 못 느낀 듯하다. 원정에 따른 소모를 감당할 의욕도, 자신도 없었던 듯하다. 또한 대 몽골제국 대칸의 자리를 지키기 위해 칭기즈칸의 황금 씨족 간 갈등과 대립이 더 이상 명분도, 대의도 없고 가장 중요하게는 실속도 없다고 판단한 듯하다.

그런 상상의 근거는 거꾸로 쿠빌라이가 막냇동생 부카에게 전쟁을 건 동기에서 찾을 수 있다. 그가 먼저 말머리를 카라코룸으로 돌린 것은 맞다. 그러나 몽골제국의 대칸에 올라 이미 사촌들이 분할 통치하고 있는 세계 최대 제국, 대 몽골제국을 직접 통치하겠다는 야심 때문이 아니었다. 당시 그의 목표는 대칸이 아니라 자신의 통치영역, 중국의 만주와 화북을 지키는 것이었다. 말하자면 방어적 선공이었다. 큰형 몽케에 이어 막냇동생 부카가 대칸에 오른 후 자신의 영지를 빼앗으려 하거나 적어도 종주권을 인정하지 않을지도 모른다는 불안감 때문이었다.

처음에 큰아버지 오고타이 대칸이 금을 멸하고 툴루이 가문에 중국 화북지역을 떼주었다. 오고타이가 툴루이 가문이 관리하고 있던 몽골 황가의 공동 소유지인 몽골 대초원의 노른자위를 야금야금 빼먹다 보니 미안하던 차에 그들에게 당시 변방에 불과했던 중국 화북지역이 수중에 들어오자 선심 쓰듯 툴루이 가문에 떼준 것이다. 그래서 툴루이 가문도 처음에는 시큰둥했다. 당시 쿠빌라이도 화북지역 일부를 할당받았지만, 카라코룸에 그대로 남아 대리인을 시켜 관리했을 뿐 영지에 내려가지도 않았다.

그랬던 화북지역의 가치를 제일 먼저 알아본 이가 바로 쿠빌라이다. 대리인이 사고를 쳐서 하는 수 없이 화북에 내려가 영지를 직접 복구하고 개발하면서 중국인을 만나고, 중국 문화를 접하고, 중국의 문물을 경험하면서 스스로 친중파, 아니 중국화가 되어갔다. 그리고 화북을 근거지로 한 중국 대륙의 가치와 미래에 눈뜨게 되었다.

큰형 몽케가 대칸에 오르자 그는 아예 중국 내몽고 지역으로 내려가 중국 방면 총독을 자처했다. 남송 정벌의 명을 받았을 때는 중원이 자신의 미래 영지라는 생각으로 학살과 약탈의 정벌이 아니라 자신의 사람을 심고, 백성을 품는 정치를 벌였다. 그런 그의 처신을 대칸 몽케는 못마땅했고, 몽골 황족과 대족장들은 의심했다. 그래서 몽케가 직접 남송 전선에 뛰어들었다가 전사했다. 그래서 왕자의 난이 일어나자 황족과 대족장들은 부카의 편에 섰다. 그러니 쿠빌라이는 불안했던 것이다.

쿠빌라이에게 몽골제국의 대칸과 끝없이 펼쳐진 유라시아 대초원이 한때는 명예였고 대의였으며 꿈이었지만, 언제부턴가 조금 껄끄럽고 거북하고 거추장스러운 계급장이고 훈장으로 느껴졌다. 그의 눈앞에 새로이 떠오른 비옥한 만주와 중원은 몽골 대초원에서 볼 수 없었던 신천지였다. 군이 희뿌연 말 먼지를 일으키며 초원을 가로질러 멀리 중앙아시아와 동유럽까지 달려가 몽골제국의 대칸으로 행세하는 일이 무슨 의미가 있나 싶었다. 더욱이 그 지역을 차지하고 있는 사촌들의 심기를 건드리면서까지, 언제든 등 뒤에 숨겼던 칼날이 번득일지 모르는 위험을 감수

하면서까지.

쿠빌라이의 흔들리는 눈빛과 설레는 가슴을 그의 새로운 한족 참모들은 일찍이 눈치챘을 것이다. 그들은 쿠빌라이가 모르는 더 넓은 세계가 중원 너머에 펼쳐져 있다는 것을 이미 알고 있었다. 그래서 그에게 속삭였을 것이다. 고려도 있고, 해협 넘어 일본도 있고, 대월도 있다고. 그렇게 쿠빌라이의 변심에 부채질했을 것이다.

쿠빌라이는 당연히 흔들렸다. 몽골 대초원의 대칸은 안중에서 점점 사라졌다. 막냇동생 부카가 그 대칸에 오르는 것도 상관없다. 다만 그가 큰형 몽케처럼, 황족과 대족장의 부추김에 자신의 영지에 발을 들이지 않으면 그만이다. 그런데 돌아가는 상황이 그렇지 않다.

저 멀리 킵차크 한국과 차카타이 한국은 거리도 있고, 선대에서 구분도 어느 정도 확정되었다. 그러나 여기 만주와 화북은 거리도 가까운 데다 영지 구분도 정리되지 않았다. 가만히 앉아 대칸의 배려를 기대하기 어렵고, 그의 변심에 무슨 일을 당할 수도 있다. 그러니 확실하게 자신의 영지에 말뚝을 박을 필요가 있었다.

사실 부카와 왕자의 난은 그렇게 시작되었다. 대칸의 지위가 아니었다. 그런데 전쟁에서 승리하여 카라코룸에 입성하고 보니 분위기가 달랐다. 부카의 편에 서서 전쟁에 패배한 황족과 부족장들의 눈빛이 패자의 그것이 아니었다. 그들을 대칸의 권위로, 무력으로 무릎을 꿇릴 수는 있으나 오래갈 수 없다는 것을 눈치챈다. 또 그럴 필요도 못 느낀다. 그들에게 그들의 영지에 대한 종주권을 인정해주면 모두가 행복해질 수 있다는 것을 서로가 눈빛으로 공유한다. 한마디로 '건드리지 마. 그러면 우리도 가만히 있을게.'다. 쿠빌라이의 제국 분할 선언은 이런 염화미소 이심전심에서 나오지 않았을까 하는 상상을 해본다.

사실 실존하는 사람들은 당대의 대의나 명분보다 편의와 실용을 좇는다. 우선 몸에 착 붙는다. 나중에 역사가들이 거기에 대의나 명분을 덧씌울 뿐이다. 그래서 역사는 역사가들의 창작물일지도 모른다. 그 빌미로 상상을 보태보았다. 사실 쿠빌라이의 이 선택에 시비是非가 어디에 있겠는가. 당연히 선악善惡도 없다. 그러나 그 선택의 결과는 고스란히 그의 몫이다. 역사는 다시 심판자가 되어 냉혹하게 기록한다.

테무친이 카라코룸에서 칭기즈칸으로 등극하면서 정복한 역사상 세계 최대 제국, 몽골제국은 쿠빌라이의 이 분할 선언으로 70년 만에 여러 황족과 부족장들의 국가로 분열하였고, 쿠빌라이가 카라코룸을 떠나 베이징으로 수도를 옮기고, 국호도 중국식 이름, 대원大元으로 바꾸면서 몽골 대초원에는 몽골제국이 사라진다.

중앙아시아를 거쳐 중동, 동유럽까지 뻗어나간 몽골족은 이후 여러 칸의 국가로 각자도생의 길을 걷다 차례대로 그 지역 역사 속에 스며들며 사라졌다. 어렴풋한 신체적 특성과 독특한 DNA 흔적만 남기고, 칭기즈칸은 훈족의 아틸라와 함께 가장 잔인했던 동방의 학살자로 그 지역 역사에 새겨진다. 중국으로 뿌리를 옮겼던 원도 딱 100년 만에 중국의 역사에 묻힌다. 그래서 중국은 쿠빌라이는 물론 그가 추존한 칭기즈칸까지 세계 최대 제국을 건설한 중화 몽골의 영웅, 중화 황제라고 주장한다.

수흐바타르 광장 앞 국회의사당

몽골에 다시 나타난 칭기즈칸 3대

몽골의 수도 울란바토르의 수흐바타르 광장에 있는 국회의
사당 앞 중앙에 칭기즈칸이 앉아 있고, 양 끝에 오고타이와
쿠빌라이가 좌우로 앉아 있다. 몽골제국의 1대, 2대 그리고
5대 대칸, 3대가 같이 하고 있다.

그러나 왠지 어색하다. 말이 3대지, 직계가 아니다. 2대 오
고타이는 칭기즈칸의 네 아들 중 셋째다. 그리고 5대 쿠빌
라이는 칭기즈칸의 막내아들 툴루이의 둘째 아들이다. 오
고타이와 쿠빌라이의 관계는 셋째 작은아버지와 막냇동생
의 둘째 아들, 삼촌과 조카 관계다. 더욱이 두 가문은 앙숙
이다. 오고타이는 툴루이 가문의 목을 졸랐고, 툴루이의 아
들들은 그런 오고타이 가문에 피의 복수를 벌였다.

중앙에 칭기즈칸이 자리한 것은 당연하다. 그런데 그 좌

우 자리가 탐탁잖다. 앞서 살펴본 대로 칭기즈칸의 장자 주치는 아버지보다 6개월 앞서 죽었다. 기 센 아버지, 야심에 찬 형제들 사이에 끼여 기 한번 펴지 못하고 실실 피해 다니고 어두운 곳으로 먼저 기어들어 가더니 일찍 눈을 감았다. 막내 툴루이는 생각이 깊지 않고 또 복잡하지도 않았다. 생각보다 몸이 먼저 나섰다. 그러니 가까운 사람이 엮이고 상황이 꼬이면 너무 쉽게 뒤로 물러선다. 약지 않고 선이 굵은 것처럼 보이지만, 어리석었다. 그래서 희생되었다.

오고타이의 장자 귀위크는 어머니 퇴레게네 덕에 3대 대칸에 오르지만, 권력의 무게를 짊어질 만큼 속이 차지 않았다. 허둥대기만 하다 2년을 못 채우고 죽는다. 그에 대한 기록이 많지 않다. 해서, 그가 남긴 기록은 서방 원정에서 주치의 아들 바투와 다투다 아버지 오고타이에 호출되고, 그 앙금으로 대칸에 오르자 첫 조치로 바투를 카라코룸으로 소환했다가 전쟁 직전까지 갔고, 결국 야영지에서 마흔둘에 객사했다는 것뿐.

툴루이의 장자 몽케는 칭기즈칸 이후 처음으로 몽골 대족 장들의 절대적 지지 속에 대칸에 오르지만, 제국의 미래보다 먼저 가문의 과거에 집착했다. 오고타이 가문으로부터 20년 동안 받은 박해를 앙갚음하는 데 그 좋은 기회를 다 날렸다. 꼬일 대로 꼬이고, 접힐 대로 접힌 그 마음으로 더 큰 세상을 열기란 쉽지 않았을 것이다. 그나마 뒤늦게 원정에 나서며 몽골제국을 다시 일으키려 했으나, 무리하다 그 역시 객사했다.

결국 칭기즈칸의 좌우에 오고타이 그리고 쿠빌라이가 앉았다. 쿠빌라이 이후도 시원찮았기 때문이다. 그가 원을 세운 후 약 100년 동안 열한 명의 황제가 들어서는데, 쿠빌라이와 마지막 황제 혜종을 제외하면, 그 사이 아홉 명의 황제의 재위 기간이 평균 4년이다. 그러니 딱히 기억할 만한 황제가 없는 것도 당연하다. 마지막 황제 혜종도 재위 36년이지만, 그 사이 홍건적의 난이 일어나 명줄만 이어갔다. 그나마 그 황후가 고려인 기황후라 어찌어찌 우리만 겨우 아는 거고.

"인류 역사상 가장 큰 제국을 건설하고 다스린 위대한 정복자" 칭기즈칸, 그가 세운 몽골제국은 이렇게 허망하게 역사에서 사라졌다.

지금 그가 태어난 몽골의 수도 울란바토르는 몽골어로 '붉은 영웅'이라는 뜻이다. 붉은 영웅은 칭기즈칸이 아니다. 1924년 중국으로부터 독립한 몽골 인민공화국의 독립 영웅 담딘 수흐바타르를 기리기 위해 지은 이름이다. 광장 이름 역시 그의 이름을 빌려 수흐바타르 광장이다.

칭기즈칸이 죽은 지 770년이 지난 1990년에 몽골이 민주화가 되면서 겨우 수흐바타르 광장을 빌려 칭기즈칸 3대의 동상을 새로 세웠을 뿐이다. 심지어 그 전까지 칭기즈칸은 몽골에서 금기어였다.

권력자와 아들

초판 1쇄 발행	2023년 11월 24일
지은이	최봉수
펴낸이	신민식
펴낸곳	가디언
출판등록	제2010-000113호
CD	김안빈
마케팅	이수정
디자인	미래출판기획
주소	서울시 마포구 토정로 222 한국출판콘텐츠센터 401호
전화	02-332-4103
팩스	02-332-4111
이메일	gadian@gadianbooks.com
홈페이지	www.sirubooks.com
종이	월드페이퍼(주)
인쇄·제본	(주)상지사P&B
ISBN	979-11-6778-114-7(04900)